LA GRANDE IMAGERIE

LA PEINTURE

Conception
Émilie BEAUMONT

Textes
Nathalie DARGENT

Dessins
Yves BEAUJARD

GROUPE FLEURUS, 15-27, rue Moussorgski 75018 PARIS
www.editionsfleurus.com

LES ORIGINES

Les débuts de la peinture sont à la fois mystérieux et extrêmement liés à l'histoire de l'humanité. Il y a 30 000 ans, des hommes traçaient déjà du bout des doigts leurs premiers dessins. Aujourd'hui, on s'interroge sur la signification de ces signes. Sont-ils magiques, destinés à assurer une bonne chasse ou expriment-ils le désir de laisser sa trace ? Plus tard, les Égyptiens essaient de prolonger la vie après la mort en décorant leurs sépultures, tandis que, par la suite, les Grecs et les Romains peignent leurs céramiques et ornent de fresques leurs plus beaux édifices.

Les peintures rupestres

Ce sont les peintures réalisées sur des parois rocheuses. Certaines cavernes ont leurs murs couverts de représentations datant de la Préhistoire préservées miraculeusement jusqu'à nos jours. On peut y voir des animaux (chevaux bœufs sauvages) et des formes géométriques. Celles des grottes de Lascaux, en France, découvertes par des enfants, sont très célèbres Elles datent d'environ 15 000 ans av. J.-C. À l'époque, les artistes peignent avec leurs mains, des tampons ou des pinceaux, et soufflent des poudres de couleurs à l'aide d'un roseau ou d'un os creux.

L'Égypte

Dans la civilisation égyptienne, qui dure plus de 3 000 ans, la vie continue après la mort comme sur la terre. Pour accompagner un défunt dans l'au-delà, les artistes égyptiens décorent son tombeau d'images où il est représenté accomplissant des tâches familières.

Chez les Égyptiens, les personnages sont toujours représentés de la même façon : la tête est dessinée de profil, les épaules, les bras et les mains de face et les jambes de profil. La décoration du sarcophage d'une personne importante est particulièrement soignée.

Les fouilles archéologiques ont permis de retrouver de nombreux modèles de vases, plats et coupes peints par les Grecs.

Dans la Grèce antique

La culture grecque domine les pays de la Méditerranée à partir du 10e siècle av. J.-C. Les couleurs vives qui ornaient les temples grecs ont disparu au fil du temps, mais de nombreux vases peints ont été retrouvés avec divers motifs, d'abord géométriques puis, peu à peu, décorés de personnages et d'épisodes tirés de la vie des dieux (la mythologie). À partir du 6e siècle av. J.-C., les personnages sont peints en noir sur fond rouge, mais, au 5e siècle, ils conservent la couleur de la terre, rouge, et le fond devient noir. Les dessins sont plus naturels que ceux des Égyptiens.

Dans la Rome antique

Fondée en 753 av. J.-C., Rome domine l'empire le plus vaste du monde antique. La civilisation romaine est influencée par celle de la Grèce. Des artistes grecs travaillent pour de riches Romains, décorant leurs villas de scènes mythologiques ou de décors en « trompe-l'œil » (fausses fenêtres, portes ou escaliers). De magnifiques peintures ont ainsi été retrouvées dans la ville romaine de Pompéi, engloutie sous les cendres d'une éruption volcanique.

L'art byzantin

L'époque byzantine (Byzance correspondant à l'actuelle Istanbul, en Turquie) est une période allant de 330 av. J.-C. à 1453. L'art byzantin s'inspire de la peinture gréco-romaine et de la mosaïque née en Mésopotamie. Les sujets sont principalement religieux et respectent certaines règles : par exemple, les personnages les plus importants sont figurés les plus grands. Au 6e siècle apparaissent des peintures sacrées sur bois : les icônes. Les représentations sont souvent les mêmes : le Christ, la Vierge, les saints. L'art de l'icône persiste durant tout le Moyen Âge.

LA PEINTURE AU MOYEN ÂGE

À l'époque médiévale, l'art est avant tout religieux. À partir de l'an mille, de nombreuses églises sont construites et des artisans les décorent de sculptures et de peintures. L'art riche et coloré des pays de l'Orient, découvert au cours des croisades, influence les artistes européens et donne naissance à l'art roman. Vers 1200, le style gothique apparaît : les scènes représentées deviennent plus élégantes et harmonieuses. À cette époque, la peinture est aussi dans les livres. Ensuite apparaissent les premiers tableaux : la peinture de chevalet.

Les enluminures

Ce mot désigne les illustrations des gros manuscrits moyenâgeux. Avant l'invention de l'imprimerie, les livres sont écrits et ornés d'images peintes qui rendent leur lecture plus agréable. Le choix des images dépend de l'imagination du copiste. Certains dessinent des personnages ressemblants, d'autres représentent des paysages imaginaires. Aux épisodes religieux sont parfois mêlés des détails de la vie quotidienne.

Des moines artistes

Des moines, réunis dans des ateliers appelés *scriptoria*, sont chargés de recopier les écrits sacrés sur des parchemins et d'inventer les dessins qui les embellissent. À partir du 13e siècle, les manuscrits servent à l'enseignement en université. Le métier d'enlumineur s'organise et les copistes ne sont plus exclusivement des moines. Les illustrations étant souvent de petite taille, on les appelle « miniatures ». De grands seigneurs commandent des manuscrits élégants et raffinés pour enrichir leur bibliothèque.

Les copistes utilisent à l'époque des pigments naturels qui donnent à leurs motifs des couleurs éclatantes. Certains décors sont même rehaussés de dorure grâce à l'application minutieuse de feuilles d'or.

Ce portrait figure parmi les plus anciens tableaux que l'on ait retrouvé au nord de l'Europe. Il représente le roi Jean II le Bon vers 1360. Auparavant, les œuvres ont pour thèmes des scènes religieuses.

Les peintures murales

Au Moyen Âge, la peinture se trouve principalement dans les églises. Les murs des lieux sacrés sont recouverts de gigantesques images, les fresques, réalisées comme des bandes dessinées, sous forme d'épisodes. Leur but est de donner à ceux qui les regardent des leçons de morale faciles à comprendre : elles représentent la vie des saints, montrant les exemples à suivre et mettant en garde contre le péché. Les églises romanes, avec leurs grandes voûtes et leurs larges murs, permettent de réaliser de grands décors peints. Les épisodes et les personnages les plus importants sont placés dans les endroits où tout le monde peut les voir en écoutant la messe. Considérés comme des artisans, les artistes vont d'un chantier à un autre, mettant leur talent au service de ceux qui les payent pour travailler.

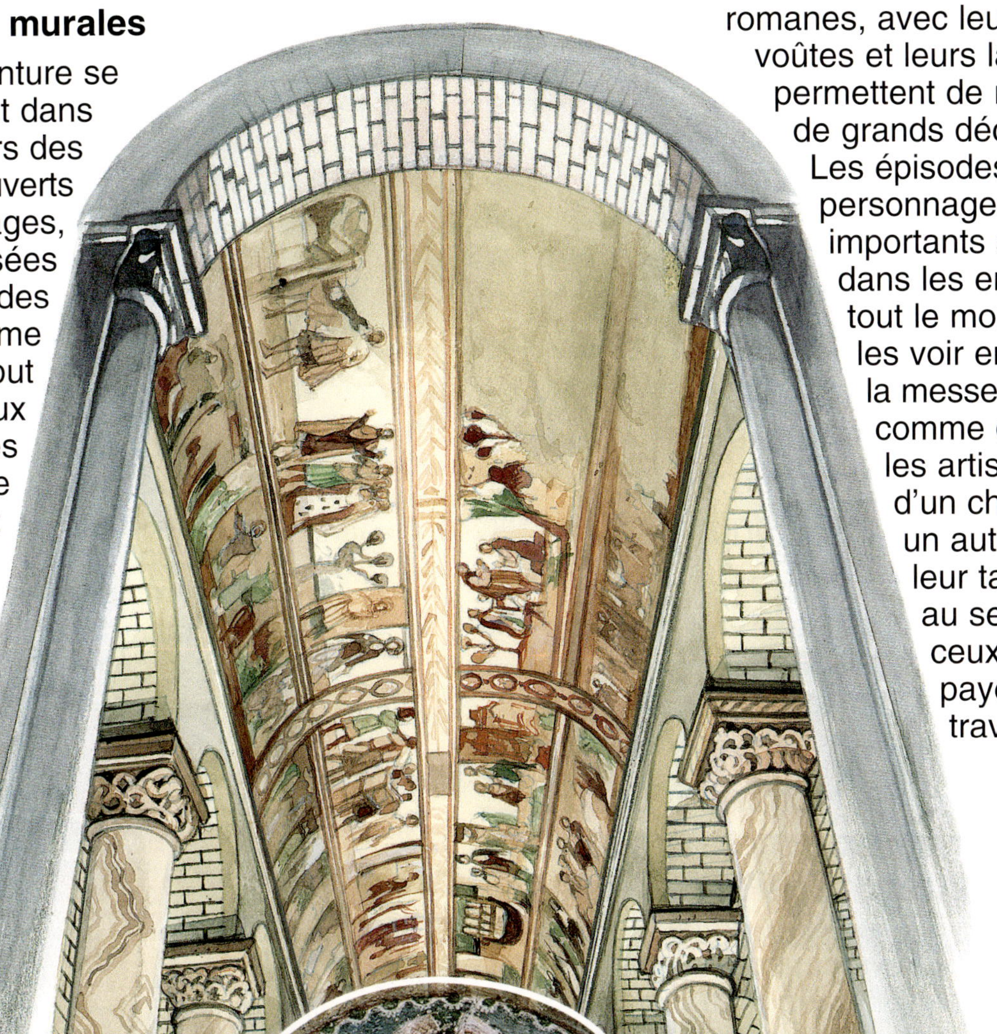

Les fresques religieuses encore présentes dans certaines églises, laissent souvent apparaître les grands épisodes de la Bible.

Par chance, quelques fresques romanes ont été préservées à travers le temps et découvertes sur les murs d'églises anciennes. Le dessin des visages et des attitudes ainsi que les couleurs sont parfois miraculeusement conservés.

La naissance de la peinture de chevalet

À partir du 14e siècle, les peintres se regroupent en associations qui obéissent à des règles précises. Conscients de leur talent, ils signent leurs œuvres, qu'ils peignent généralement sur des panneaux de bois. Les princes leur demandent de travailler pour eux.

Au 15e siècle, les bourgeois, des personnes riches, souvent des marchands fiers de leur réussite, se font représenter dans des scènes religieuses. Au nord de l'Europe, dans les Flandres, la peinture devient de plus en plus réaliste : le velours des vêtements, les fourrures et les bijoux, les meubles sont peints avec précision.

LA RENAISSANCE DANS LE RESTE DE L'EUROPE

À la fin du Moyen Âge, les autres pays européens découvrent l'art italien et sont éblouis. Les guerres ont conduit François Ier en Italie... Il en ramène des œuvres d'art et fait venir des artistes, cherchant à introduire en France cette Renaissance qui le passionne. Tandis que les peintres voyagent, les idées circulent grâce à l'imprimerie. Les pays du Nord continuent à peindre selon leur goût et préfèrent les détails réalistes et les scènes familières. Rien à voir avec la Renaissance italienne et le « beau » idéal. Pourtant, les peintres du Nord commencent leur propre Renaissance au 16e siècle.

La Renaissance en France

Après avoir séjourné en Italie, François Ier fait venir Rosso et Primatice à Fontainebleau. La présence de ces artistes italiens à la cour met en valeur le roi et son pouvoir : ils décorent le château d'images qui représentent de manière savante la vie du souverain et ses qualités. Avec les artistes qui les entourent, ces peintres italiens forment un groupe appelé « la première école de Fontainebleau ». À la fin du 16e siècle, un nouvel atelier constituera la seconde école de Fontainebleau, formée cette fois de Français et de Flamands, mais toujours influencée par l'art italien.

Rosso, artiste italien nommé premier peintre de la cour, fut chargé par François Ier de décorer la Galerie des Assemblées au château de Fontainebleau.

Dans son tableau appelé Jeux d'enfants, *Bruegel ne représente pas moins de 250 personnages qui se livrent à d'innombrables activités, pareils à de petites fourmis.*

Dans les Flandres

Jérôme Bosch (1450-1516) est l'un des peintres flamands le plus imaginatif. Les scènes qu'il peint grouillent de détails étranges. Il se moque de la bêtise des hommes perdus dans un monde fou. Beaucoup de jeunes artistes sont marqués par cet univers fantastique. Bruegel l'Ancien (1525-1569) est le plus original. Ses nombreuses scènes villageoises présentent de façon amusante l'époque dans laquelle il vit, pourtant troublée par les guerres. C'est un champion des détails. De plus, ayant fait un voyage en Italie, il connaît la perspective et maîtrise l'art de la couleur.

En Espagne

Grec d'origine, italien de formation et vivant en Espagne, El Greco (1541-1614) est un artiste à part. Il peint des scènes religieuses, mais il les rend irréelles comme des apparitions. Son art déplaît au roi d'Espagne, Philippe II, mais séduit les Espagnols de la ville de Tolède où il travaille.

L'Enterrement du comte d'Orgaz *est le plus célèbre tableau du Greco. Il superpose le monde terrestre et le monde céleste.*

En Allemagne

L'un des peintres allemands les plus célèbres de son époque est Albrecht Dürer (1471-1528), ci-dessus. Également dessinateur et graveur, il voyage en Italie où il étudie l'art de la Renaissance et la beauté idéale des œuvres nouvelles. Plus tard, il observe aussi les peintures flamandes. Beaucoup d'artistes font comme lui, mais il est l'un des seuls à mêler toutes les influences.

LES TECHNIQUES DU PEINTRE

À la Renaissance, pour apprendre un art, l'apprenti rejoint l'atelier d'un maître qui lui enseigne son métier et ses techniques. À l'époque, les artistes sont souvent à la fois architectes, sculpteurs, peintres et orfèvres ; ils peuvent enseigner toutes ces matières. Au début, l'élève est chargé de menus travaux comme de balayer l'atelier. Mais il observe son maître et, peu à peu, apprend à poser une toile sur un cadre, à préparer les couleurs et les fonds d'un tableau. S'il est habile, l'élève pourra peindre les parties les moins difficiles des œuvres d'après les conseils de son maître.

La peinture sur bois et sur toile

La peinture sur bois est à la mode au 13e siècle. Les assistants préparent le panneau : ils le lissent, le poncent, puis l'enduisent de colle et de plâtre. Mais le bois est encombrant et lourd. Dès le 16e siècle, la toile le remplace systématiquement. Tissée avec du lin, du chanvre, du genêt ou de l'ortie, la toile est un merveilleux support. Tendue sur un châssis de bois, elle peut être décrochée et roulée dès qu'elle est sèche et ainsi être transportée plus facilement. La toile ne se craquelle pas non plus si la température varie, les œuvres se conservent donc mieux.

Certains élèves, s'ils sont doués, se spécialiseront, ils peindront toute leur vie pour un maître des petits personnages, des fleurs ou des animaux... Bien des tableaux sont ainsi l'œuvre d'un travail collectif, mais c'est le maître qui signe.

Esquisses et modelages

Un seul artiste peut avoir plusieurs apprentis. Les élèves apprennent à dessiner, souvent d'après un modèle vivant ou une sculpture antique. Le dessin sert à préparer un tableau. Plumes, mines de plomb, fusain ébauchent les esquisses des personnages ou du paysage qui seront ensuite reproduits sur la toile. Le modelage permet d'apprendre les proportions du corps et de se préparer à la sculpture.

Tableau de Van Eyck.

Les couleurs

Les pigments utilisés pour fabriquer les couleurs sont extraits de plantes, de pierres, de terres ou même d'insectes finement broyés par les assistants. Plus les matières servant à obtenir ces poudres sont rares, plus elles sont précieuses, comme le lapis-lazuli, une pierre bleue qu'on ne trouve pas en Europe.

La peinture à l'huile

Selon la légende, le peintre flamand Van Eyck aurait inventé la peinture à l'huile. En réalité, il a amélioré un procédé déjà connu. Les pigments sont mélangés à de l'huile et de l'essence végétales pour former une pâte lisse et fluide particulièrement brillante. Les couches sont superposées, créant l'impression de profondeur, et le peintre peut jouer sur l'effet de transparence.

La détrempe

Jusqu'à l'invention de la peinture à l'huile, les pigments sont mélangés à de l'eau et à de la colle (parfois de l'œuf) qui sert de liant. Cette technique s'appelle la détrempe (*tempera*, en italien). Comme elle sèche très vite, il faut peindre rapidement, sans possibilité de corriger. La découverte de la peinture à l'huile, qui sèche plus lentement, permettra à l'artiste de travailler plus longuement son tableau et de le modifier.

La fresque

La technique de la fresque murale est très appréciée en Italie. Le mur est d'abord arrosé d'eau puis couvert de deux couches d'enduit. Un carton avec le dessin fait par l'artiste est placé sur le mur. Les lignes du dessin sont percées de petits trous sur lesquels les aides répandent une poudre de charbon qui passe au travers de ces trous. Quand on ôte le carton, le dessin est reporté en pointillés noirs sur le mur. Le maître se met alors au travail et doit peindre très vite dans l'enduit encore humide.

LE GRAND SIÈCLE (17e)

Ce siècle est marqué par la fin des guerres de Religion. Après la simplicité imposée par le protestantisme, un nouveau genre se développe : le baroque. Cet art très riche où dominent le mouvement et l'exubérance touche d'autres domaines tels que la musique ou l'architecture. Certains artistes lui préfèrent la rigueur du style classique, plus équilibré. En France, l'art classique reflète le pouvoir absolu du roi. Baroque et classicisme s'opposent pendant tout le siècle. Au 17e siècle, les artistes italiens rivalisent aussi désormais avec les écoles espagnole, française, flamande et hollandaise.

Peindre la réalité

L'Italien le Caravage (1573-1610) est de ceux qui veulent peindre la réalité : il donne aux personnages de la Bible l'allure d'hommes et de femmes du peuple. Peignant directement sur sa toile, sans dessin préalable, il utilise des fonds sombres, sur lesquels la lumière vient dessiner le relief et crée la profondeur. C'est la technique du clair-obscur, employée dès lors dans l'Europe entière.

L'art baroque

Le style baroque naît en Italie, où l'on commande des œuvres et de grands décors pour orner les églises. Il s'agit d'un art du mouvement et de l'illusion qui doit susciter l'émotion. Il séduit aux Pays-Bas où les ateliers d'artistes se multiplient. Une école se forme à Anvers autour du grand Rubens (1577-1640). Sa peinture est dynamique et les couleurs de ses toiles sont chaudes. Son atelier devient le plus fréquenté d'Europe. Ci-dessus, l'*Apothéose d'Henri IV*, tableau peint par Rubens, mesure 3,94 m sur 7,27 m !

En Espagne

Au 17e siècle, les artistes espagnols pratiquent un art baroque à la fois réaliste et religieux. Le plus célèbre, Vélasquez (1599-1660), est un admirable portraitiste. Devenu le peintre de la cour d'Espagne, il peint d'innombrables représentations de Philippe IV et de sa famille. Utilisant des couleurs chaudes et vives, il décrit à merveille ses modèles et l'éclat de leurs habits brodés d'or.

En Hollande

Rembrandt (1606-1669) est un grand peintre hollandais à l'opposé du baroque. À vingt ans, il est déjà considéré comme un maître et devient un artiste renommé. Présentant des personnages dans la pénombre, il illumine ses toiles de façon étonnante. Rembrandt utilise des « empâtements », d'épaisses couches de peinture qui sèchent en conservant l'empreinte du pinceau et produisent un effet de relief. Vermeer (1632-1675), lui aussi hollandais, est au contraire soucieux d'obtenir une toile lisse sur laquelle les coups de pinceau n'apparaissent pas. Son art discret et poétique se penche sur des instants de la vie quotidienne.

Vermeer peignant son célèbre tableau représentant une laitière.

Rembrand s'est peint tout au long de sa vie à travers de nombreux autoportraits.

En France

La première moitié du siècle est influencée par le style du Caravage. Les contrastes d'ombre et de lumière, l'observation des gens du peuple se retrouvent chez plusieurs artistes. Georges de La Tour (1593-1652) peint des scènes de famille où de modestes gens représentent les personnages de la Bible se découpant dans l'ombre à la lueur de la bougie (comme à gauche). Cet effet de lumière est appelé « luminisme ».

L'art classique français

Sous l'impulsion du roi Louis XIV, Paris devient un centre artistique puissant dont le plus grand représentant, Nicolas Poussin (1594-1665), travaille à Rome. Là, en marge du courant baroque, il invente l'art du paysage classique et peint une nature idéale où il met en scène des épisodes historiques ou religieux. Ses œuvres sont très appréciées à Paris, où il a beaucoup d'amis et de clients.

Dans son atelier, Poussin a réalisé un mini-théâtre où il dispose des figurines de cire pour les reproduire ensuite sur ses toiles.

Détail du tableau de Vélasquez, Les Ménines.

LE SIÈCLE DES LUMIÈRES

Le 18e siècle porte le nom de siècle des Lumières en raison de l'extraordinaire rayonnement de la pensée ; de nombreuses découvertes sont faites dans divers domaines (sciences, techniques...), et les écrivains et les penseurs diffusent des idées nouvelles sur l'homme. En France, pour rivaliser avec le château de Versailles, princes et rois se font bâtir de vastes palais que les artistes ornent de grands décors, créant le style rococo, à l'opposé du style classique. L'époque connaît alors un art léger, fantaisiste et joyeux.

Le rococo en France

En France, la peinture devient un art charmant et délicat, principalement destiné à des collectionneurs qui aiment les scènes de genre ou les scènes galantes. Le style rococo, aussi appelé rocaille, séduit ces amateurs. Des peintres comme Boucher (1703-1770), Watteau (1684-1721) et Fragonard (1732-1806), qui a réalisé le tableau *L'escarpolette,* ci-dessus, représentent cet art poétique et fantaisiste. Les sujets illustrent les amours des dieux, des scènes coquines, des fêtes...

Tiepolo peint aussi de nombreux trompe-l'œil et ajoute des reliefs en stuc à sa peinture, comme pour la faire se détacher des murs et des plafonds.

L'art vénitien

La peinture vénitienne triomphe au 18e siècle. Tiepolo (1696-1770) devient le spécialiste des grands décors peints, ornés de stucs (reliefs réalisés avec de la poussière de marbre, du plâtre et de la colle). Il transforme les plafonds en ciels nuageux et lumineux et aime les lignes courbes et sinueuses comme les arabesques, qui donnent un style virevoltant, caractéristique de l'art rococo.

Le pastel

Dans ce monde éclatant, le pastel triomphe avec Chardin (1699-1779). Pour ses portraits, il utilise en effet cette technique qui connaît un grand succès. Proche du dessin, le pastel correspond à une époque où l'on considère que les œuvres ne sont pas faites pour durer... Les pigments colorés sont malaxés avec de la colle, de la résine et se présentent sous forme de cylindres faciles à transporter.

Autoportrait de Chardin.

Un portraitiste anglais

Reynolds (1723-1792) est un brillant représentant de la peinture anglaise du 18e siècle. Il séduit ses compatriotes par un style doux et vivant. Sollicité pour peindre jusqu'à 150 portraits par an (comme celui du tableau ci-contre), il demande parfois à des confrères de travailler pour lui. Reynolds est alors très apprécié dans la haute société anglaise.

Portrait de fillette par Reynolds.

Les Salons

En France, l'Académie royale de sculpture et de peinture, fondée par Louis XIV au siècle précédent, organise chaque année une exposition officielle, appelée « Le Salon » car les tableaux sont accrochés dans le salon Carré du Louvre. Les peintres y présentent leurs meilleures œuvres et les gazettes (les journaux de l'époque) font des comptes rendus de ce qu'ils y ont vu : c'est le début de la critique d'art. Écrivains, philosophes, journalistes... chacun donne son avis. Les œuvres qui ne correspondent pas aux goûts de l'époque sont rejetées. Les artistes s'efforcent de plaire au public à cette occasion, dans l'espoir de vendre leurs toiles. L'Académie, qui veut préserver la tradition de la grande peinture française, surveille les sujets des tableaux exposés. En 1767, deux œuvres de Fragonard aux sujets jugés trop légers sont retirées du Salon.

LES CONTRADICTIONS

À partir de la Révolution française (1789) et jusqu'à la moitié du 19e siècle, plusieurs courants de peinture s'expriment. Le « néoclassicisme », lié à l'admiration des artistes pour l'Antiquité romaine, puis, rapidement, le « romantisme », qui bouleverse la tradition et qui naît d'un désir de liberté et d'égalité. Les romantiques expriment leur enthousiasme, leurs sentiments, leurs passions. Romantiques et néoclassiques ont toutefois un goût commun pour les voyages en Orient, qui inspirent leur peinture. En 1863, le peintre Manet annonce un courant qui va marquer le 19e siècle : l'impressionnisme.

Le romantisme

Avec les romantiques, l'individu écoute ses sentiments plus que sa raison. Les peintres se rapprochent d'autres artistes : musiciens, écrivains... Ils font leur portrait, échangent avec eux des idées, ils souhaitent changer le monde pour plus d'égalité, de liberté, de fraternité... Le premier des peintres romantiques français est Géricault (1791-1824). Inspiré de l'histoire vraie d'un naufrage, son *Radeau de la Méduse*, ci-dessus, provoque des émotions très fortes, enthousiasmant ses amis et scandalisant les peintres classiques.

L'art néoclassique

Au 18e siècle, la découverte des ruines de Pompéi, ensevelies depuis l'Antiquité, a remis le monde antique à la mode. On imite la simplicité des anciens, on copie leurs meubles, leur architecture, leur sculpture. Le peintre préféré de Napoléon, David (1748-1825), peint aussi bien des épisodes de l'histoire antique, comme ci-dessus, que les grands événements du règne napoléonien.

Des artistes très divers se rattachent au courant romantique. En Espagne, un peintre de la cour, ***Francisco de Goya*** *(1746-1828), déploie une énergie créatrice étonnante. Parmi les 500 toiles qu'il a peintes et les très nombreuses gravures, beaucoup critiquent la politique et les conflits que vit son pays à son époque, d'autres sont des scènes imaginaires étranges et angoissantes.*

Peindre sur papier

Lors de leurs voyages, les peintres utilisent la gouache ou l'aquarelle (comme Delacroix). L'aquarelle se présente sous forme de petits blocs de pigments pas plus gros que des caramels et que l'on dilue avec de l'eau. Ce matériel est facile à transporter et les couleurs sèchent vite. En délayant le pigment avec beaucoup d'eau, on obtient des effets de transparence et de lumière. Les artistes pouvaient ainsi remplir leurs carnets de voyages de scènes qu'ils découvraient au fil de leurs périples.

Des carnets de voyage d'artistes célèbres comme ceux de Delacroix, ont été conservés, couverts de notes et d'esquisses.

Les peintres emportent avec eux ce genre de nécessaire comportant les pigments pour l'aquarelle, des pinceaux et une palette.

L'attrait de l'Orient (l'orientalisme)

Les romantiques s'opposent aux néoclassiques, mais l'attrait de l'Orient se retrouve dans chaque courant. Présent depuis le siècle précédent chez quelques peintres, le goût pour l'Orient se développe après la campagne d'Égypte de Napoléon en 1798 et, surtout, à l'occasion de la guerre entre Grecs et Turcs... Les artistes découvrent des paysages nouveaux aux couleurs éclatantes. Le romantique Delacroix (1798-1863) séjourne au Maroc ; il peint alors des œuvres mouvementées, inspirées par ce pays, comme *Le combat du Giaour et du Pacha* (ci-dessus).

Au seuil de l'impressionnisme

La vie quotidienne passionne les artistes « réalistes » français comme Daumier (1808-1879), Millet (1814-1875) ou Courbet (1819-1877). Ils s'opposent en même temps à la peinture officielle soutenue par l'Académie. En 1863, Manet (1832-1883) provoque un scandale avec sa toile *Le Déjeuner sur l'herbe,* présentant un nu féminin en plein pique-nique. C'est un choc et le signe d'un renouvellement qui ouvre la voie aux impressionnistes.

UN REGARD NEUF

Dans la deuxième moitié du 19e siècle, les progrès techniques, les nombreuses inventions et le développement de l'industrie transforment le monde ; le milieu artistique évolue lui aussi à toute allure. Les œuvres d'art deviennent des marchandises vendues dans des galeries. La photographie, qui reproduit la réalité avec exactitude, remet en question le rôle du peintre. Désormais, les jeunes peintres, influencés par Manet, n'ont plus envie de représenter la réalité telle qu'ils la voient mais plutôt telle qu'ils la ressentent.

La peinture en tubes
Des inventions extraordinaires révolutionnent la technique. Autrefois, le peintre conservait s peinture dans des vessies de porc. Désormais, elle est vendu dans des tubes d'étain, prête à être utilisée. Elle se transporte aussi plus facilement.

La photographie
Incapable de rivaliser avec la photographie, les peintres n'essaient plus de représenter la réalité mais l'émotion ressentie face à un paysage, une nature morte ou une personne. Certains, comme Degas (1834-1917), composent leur toil comme s'ils regardaient au travers d'un objectif. De mêmes thèmes se retrouvent dans la photo et la peinture : train entrant en gare, fête de village...

Impression, soleil levant

C'est le titre de la toile (ci-dessus) de Claude Monet (1840-1926) qui donne son nom au mouvement impressionniste lors d'une exposition en 1874. Les impressionnistes refusent en bloc les sujets héroïques, les couleurs tristes et le travail en intérieur. Capter les instants fugitifs, les jeux de lumière sur l'eau, les mouvements du monde moderne, voilà ce qui les intéresse... Ce nouveau courant n'est pas apprécié de tous.

L'influence de l'art japonais
La découverte de l'art japonais et, en particulier les œuvres d'Hokusai (1760-1849), influencent l'art en Occident. Les paysages peints par ce maître grâce à des couleurs limpides fascinent les impressionnistes. En marge de ces derniers, le peintre Toulouse-Lautrec (1864-1901), qui est aussi un dessinateur de talent, crée pour le monde du spectacle des affiches illustrant cette tendance japonaise.

Sous la vague Kanagawa tableau du peintr japonais Hokusa

Détail d'une affiche réalisée par Toulouse-Lautrec.

La marque de Cézanne (1839-1906)

Peintre solitaire et longtemps incompris, Cézanne simplifie les formes et cerne leurs contours. D'abord proche des impressionnistes, dont il adopte l'habitude de peindre en plein air, il s'en éloigne ensuite. Natures mortes, paysages ou portraits, ses compositions sont très équilibrées. Installé dans le sud de la France, il peint un nombre incroyable de vues d'une montagne nommée Sainte-Victoire (ci-dessous).

L'originalité de Van Gogh (1853-1890)

Grâce à l'impressionnisme, Van Gogh découvre l'utilisation de la couleur pure. Mais sa technique est complètement originale : son pinceau dépose des touches rapides et épaisses en forme d'accents, à l'opposé de la touche légère des impressionnistes et des pointillistes. Ses œuvres expriment ses sentiments et ses émotions, grâce à des couleurs riches et énergiques. Tour à tour lumineuses ou sombres, elles traduisent la joie ou la tristesse du peintre.

Le postimpressionnisme

Il s'agit du nom donné aux courants qui suivent la vague impressionniste. Beaucoup d'artistes rejettent en effet à partir de 1884, la spontanéité des impressionnistes et défendent une peinture plus construite. C'est le cas de Gauguin (1848-1903), qui part à Tahiti où il est ébloui par la beauté exotique de l'île (à gauche). Il choisit des couleurs vives qu'il applique de façon uniforme. Le courant pointilliste, quant à lui, s'attache à l'analyse scientifique de la lumière. Le peintre Seurat (1859-1891) en est le chef de file.

Si l'on observe les tableaux de Seurat de près, comme Le Cirque, *ci-contre, on distingue des milliers de petites touches de couleurs juxtaposées.*

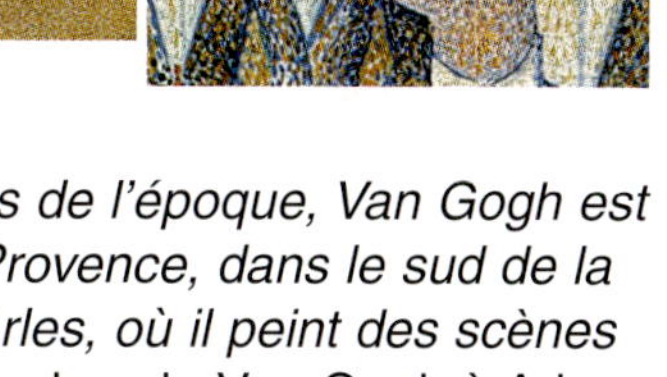

Comme de nombreux peintres de l'époque, Van Gogh est séduit par la lumière de la Provence, dans le sud de la France. Il s'installe alors à Arles, où il peint des scènes de sa vie quotidienne. La chambre de Van Gogh à Arles, *montre comment il sait asssembler des couleurs vives pour rendre la lumière de son environnement.*

L'ART MODERNE

Dans les années précédant la Première Guerre mondiale, de nombreux mouvements artistiques naissent partout. Les peintres cherchent de nouvelles formes d'expression pour leur peinture. Ils expérimentent des emplois différents de la couleur, de la représentation et parviennent ainsi à l'abstraction. La peinture abstraite cherche à exprimer les émotions sans passer par le réel. Après la guerre, ayant ainsi ouvert la voie à ce que l'on a appelé l'art moderne, beaucoup d'artistes reviennent à une figuration plus accessible au public.

Matisse est l'un des premiers à utiliser des couleurs fortes et puissantes, comme dans ce tableau, Corbeille d'oranges. *© Succession H. Matisse 2002.*

Le fauvisme

En France, de jeunes peintres se font remarquer au Salon d'automne de 1905 avec des toiles flamboyantes dues à l'utilisation de couleurs pures. Les plus connus sont Matisse (1869-1954), Derain (1880-1954) et Vlaminck (1876-1958). Dans leurs œuvres, il n'y a plus de perspective, plus d'espace... Un critique parle alors de la salle où ils exposent comme d'une « cage aux fauves » ; ce nom leur reste, on appelle alors ce nouveau courant le fauvisme.

L'expressionnisme

À la même époque que le fauvisme, un mouvement qui en est proche se développe en Autriche et en Allemagne l'expressionnisme. Avec le même goût pour les couleurs vives, certains artistes critiquent la société à travers des sujets tourmentés, des figures déformées.

Le Norvégien Munch se rapproche de l'expressionnisme. Dans son œuvre Le Cri, *le spectateur a l'impression de ressentir ce cri à travers la peinture.*

Le cubisme

C'est en peignant des personnages ou des objets sous plusieurs angles à la fois que Picasso (1881-1973) invente le cubisme, vers 1908. Il est alors stimulé par les recherches de son ami Braque (1882-1963). Tous deux traduisent la réalité en la simplifiant au moyen de figures géométriques. En analysant les formes, ils les représentent comme des facettes articulées.

Pablo Picasso

Picasso, l'inventeur du cubisme, est probablement le peintre le plus productif et le plus génial de tout le 20e siècle. Dessinateur, céramiste, graveur, photographe... il travaille avec toutes sortes de matériaux. Très vite, il utilise la technique du collage, insérant dans ses toiles des morceaux de journaux, de papiers peints, de toile cirée. Connues dans le monde entier, ses toiles se vendent à prix d'or.

À gauche, Picasso, Maya à la poupée.

L'art abstrait

Kandinsky (1866-1944) est le premier à peindre une abstraction en 1910. L'objet représenté dans un espace réel disparaît. C'est la fin de la peinture telle que l'Europe la connaît depuis la Renaissance italienne. D'autres, Klee (1879-1940), Mondrian (1872-1944), se mettent à peindre des formes plates et colorées dans un espace non défini. On oppose l'art abstrait à l'art figuratif (qui figure la réalité).

À droite, Kandinsky, Sur blanc II.

Salvador Dalí

Artiste très original, le Catalan Salvador Dalí est à la fois peintre, sculpteur, cinéaste, inventeur... Provocateur, il fait de la publicité et va même jusqu'à affirmer qu'il est lui-même une œuvre d'art ! Ses tableaux reproduisent le plus souvent ses hallucinations ou ses rêves.

Les surréalistes

Dans la lignée du courant dada né quelques années auparavant, le mouvement des surréalistes est fondé à Paris en 1924. Les artistes surréalistes rejettent la raison, les règles et mettent en avant le rêve. Avec un humour excentrique, Salvador Dalí (1904-1989) crée ainsi des univers fantastiques. Détournant les objets du quotidien, Magritte (1898-1967) se sert de la peinture pour en dévoiler des aspect cachés.

À gauche, La Grande Famille, *Magritte.*
À droite, Autoportrait mou, *Dalí.*

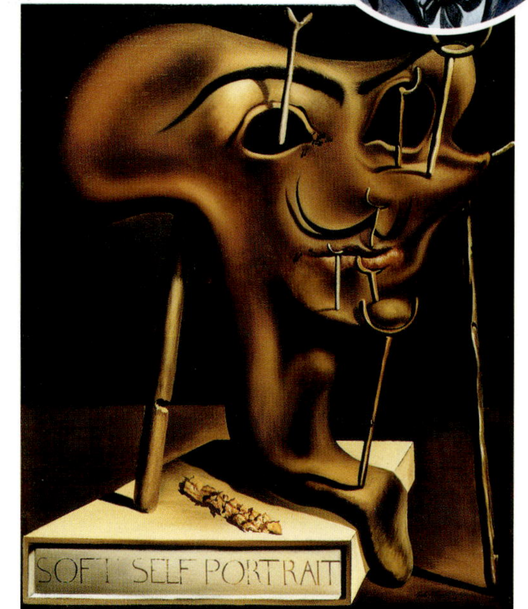

DE NOUVEAUX DÉFIS

Dans la seconde moitié du 20e siècle, tandis que la peinture évolue à toute allure en Europe, les artistes américains se lancent dans leurs propres expériences. Après la Deuxième Guerre mondiale, l'art abstrait triomphe et s'impose dans les deux principaux centres artistiques que sont Paris et New York. En réaction à cette tendance, le réalisme revient en force dès les années 60, intégrant à la peinture des objets du quotidien. Les techniques elles aussi se transforment et de nouveaux outils sont employés.

L'op art

C'est le nom que l'on donne alors à l'art optique, un courant abstrait qui apparaît dans les années 1960. Lancé par des artistes européens, ce mouvement est fondé sur des illusions d'optique élaborées à partir de combinaisons de lignes géométriques, de répétitions de formes et de jeux de couleurs. Le peintre Victor Vasarely (1908-1997) joue ainsi avec l'œil du spectateur (ci-dessus).

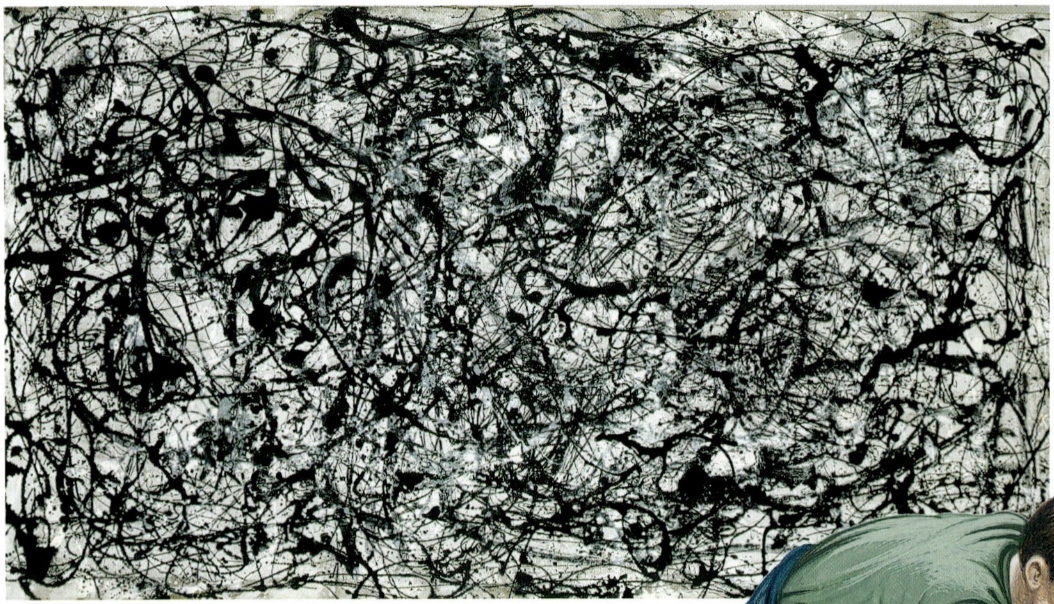

Aux États-Unis

Les Américains inventent « l'abstraction expressionniste », où le geste détermine l'œuvre. L'un d'eux, Jackson Pollock (1912-1956), pratique le *dripping*, ou « égouttage » : il pose sa toile à plat sur le sol et projette dessus de la peinture ou encore la laisse s'écouler à partir de pots percés. À côté, d'autres artistes abstraits se révèlent. Quant à la peinture réaliste, elle subsiste au travers de grands représentants.

Utilisant le noir et blanc ou la couleur, Pollock met au point une technique spécifique de projection de peinture au bâton.

Le pop art

À partir des années 1960, les hyperréalistes prennent pour modèle les photographies qu'ils projettent ou impriment sur la toile pour les reproduire. Le pop art met en scène avec humour des éléments de la réalité quotidienne. Son principal représentant, Andy Warhol (1929-1987), décline des photographies de personnalités, des boîtes de soupe, des dollars... dans des couleurs vives et variées grâce à la technique de la sérigraphie. Il se moque de la société.

Warhol se sert de l'impression au travers d'un écran de tissu (sérigraphie).

De nouveaux outils

Au milieu du 20e siècle, la peinture acrylique a détrôné l'huile. D'origine chimique, elle est utilisée sur des supports variés et ses couleurs ont un éclat très vif. Beaucoup d'artistes s'inventent de nouveaux outils : journaux, tissus, truelles, clous, brosses, utilisant les objets les plus inattendus pour réaliser leurs tableaux. Yves Klein (1928-1962) pousse l'expérience jusqu'à demander à des femmes au corps enduit de peinture de s'allonger sur ses toiles pour y laisser leur empreinte.

Klein peint ses « monochromes », des toiles recouvertes de sa couleur préférée : le bleu. Ci-contre, l'œuvre IKB III. ►

◄ *Jean Dubuffet (1901-1985) s'inspire des dessins d'enfants et des graffitis, utilisant parfois des matières aussi étranges que le cambouis ou le gravier.*

Un art en évolution

Dans les années 1980, le rock, le punk, les bandes dessinées et les graffitis inspirent les artistes. Leurs œuvres, rapidement exécutées, ressemblent à des dessins très colorés et pleins d'humour. Aujourd'hui encore, la peinture ne cesse d'évoluer, on peut même la trouver sur les murs de la ville... L'informatique, le multimédia, les images de synthèse ouvrent aussi de nouvelles portes aux artistes du 21e siècle.

TABLE DES MATIÈRES

ISBN : 978-2-215-06700-9

Dépôt légal à la date de parution.
Conforme à la loi n° 49-956 du 16 juillet 1949
sur les publications destinées à la jeunesse.
Imprimé en Italie (10-09)